RAZÃO, FÉ E VIDA
SEUS DILEMAS EM FORMA DE POEMAS

Editora Appris Ltda.
1.ª Edição - Copyright© 2023 do autor
Direitos de Edição Reservados à Editora Appris Ltda.

Nenhuma parte desta obra poderá ser utilizada indevidamente, sem estar de acordo com a Lei nº 9.610/98. Se incorreções forem encontradas, serão de exclusiva responsabilidade de seus organizadores. Foi realizado o Depósito Legal na Fundação Biblioteca Nacional, de acordo com as Leis nos 10.994, de 14/12/2004, e 12.192, de 14/01/2010.

Catalogação na Fonte
Elaborado por: Josefina A. S. Guedes
Bibliotecária CRB 9/870

S586r
2023
	Silva, José Carlos da
	    Razão, fé e vida : seus dilemas em forma de poemas / José Carlos da Silva.
	1. ed. - Curitiba : Appris, 2023.
	    116 p. ; 21 cm.
	
	ISBN 978-65-250-3730-1
	
	1. Poesia brasileira. 2. Razão. 3. Fé. 4. Vida. I. Título.
	
	                                                                    CDD – 869.1

Appris editora

Editora e Livraria Appris Ltda.
Av. Manoel Ribas, 2265 – Mercês
Curitiba/PR – CEP: 80810-002
Tel. (41) 3156 - 4731
www.editoraappris.com.br

Printed in Brazil
Impresso no Brasil

José Carlos da Silva

RAZÃO, FÉ E VIDA
SEUS DILEMAS EM FORMA DE POEMAS

Appris
editora

FICHA TÉCNICA

EDITORIAL	Augusto Vidal de Andrade Coelho
	Sara C. de Andrade Coelho
COMITÊ EDITORIAL	Marli Caetano
	Andréa Barbosa Gouveia (UFPR)
	Jacques de Lima Ferreira (UP)
	Marilda Aparecida Behrens (PUCPR)
	Ana El Achkar (UNIVERSO/RJ)
	Conrado Moreira Mendes (PUC-MG)
	Eliete Correia dos Santos (UEPB)
	Fabiano Santos (UERJ/IESP)
	Francinete Fernandes de Sousa (UEPB)
	Francisco Carlos Duarte (PUCPR)
	Francisco de Assis (Fiam-Faam, SP, Brasil)
	Juliana Reichert Assunção Tonelli (UEL)
	Maria Aparecida Barbosa (USP)
	Maria Helena Zamora (PUC-Rio)
	Maria Margarida de Andrade (Umack)
	Roque Ismael da Costa Güllich (UFFS)
	Toni Reis (UFPR)
	Valdomiro de Oliveira (UFPR)
	Valério Brusamolin (IFPR)
SUPERVISOR DA PRODUÇÃO	Renata Cristina Lopes Miccelli
ASSESSORIA EDITORIAL	Débora Sauaf
REVISÃO	Paulo Cezar Machado Zanini Junior
DIAGRAMAÇÃO	Bruno Ferreira Nascimento
CAPA	Sheila Alves

Deus

Vem de longe, não se esconde!
Gotas de luz, raios de brisa;
Respiro de pedra, ar onde pisa;
Aurora da noite, escuridão que amanhece.
Fora quando está dentro, refresca quando me aquece.
Vai pra longe, não se esconde!

(José Carlos da Silva)

APRESENTAÇÃO

Desde os primórdios da humanidade, filósofos e estudiosos debatem sobre uma pergunta essencial: qual o sentido da vida?

Encontrar a resposta pode ser uma satisfação momentânea ou talvez impossível, mas o mais importante é fazer a pergunta — de diversas formas e para diversas circunstâncias. Indicar um caminho talvez seja muita ousadia, mas se colocar a caminho é necessário.

A vida nos apresenta uma infinidade de situações em que a razão e a fé, cada uma a seu modo, tentam dar respostas, indicar caminhos. No entanto, dilemas básicos sobre a condição humana transformam respostas em novas perguntas.

Nesse contexto, escrevi estes poemas que procuram, sob os pilares da razão e da fé, dialogar sobre as nuances da vida. Uma diversidade de temas e histórias apresentados com estilos, estruturas e linguagens também diversificados.

E sendo fiel ao que se propõe esta obra, apresento-lhes em forma de poema:

O dilema da razão:
Fugir do mito
Dar explicação
Confrontar o rito
Humana condição

O dilema da fé:
Fugir da descrença
Dar chão ao pé
Confrontar a ciência
O divino: como é

O dilema da vida:
Um ateu meditando
Um crente que elucida
Razão e fé dialogando
O adverso convida

Um caligrama abre o véu
O soneto tem seu brilho
Entre haicai e cordel
Na diversidade de estilo
Tece a teia no papel

Tem história de Sofia
Tem tristeza e felicidade
Tem assombração que arrepia
Tem crítica e saudade
Tem sentimento e folia

Do caipira ao letrado
Do adulto à criança
Do carente ao contemplado
Do choro à esperança
Do sonho ao pecado

Entre soluções e problemas
Entre flores e espinhos
Entre verdades e dilemas
Entre pedras dos caminhos
Entre as linhas dos poemas

Que lhe desperte o pensar
Que lhe desperte o partir
Que lhe desperte o amar
Que lhe desperte o agir
Que lhe desperte o sonhar...

PREFÁCIO

As evidências de uma mudança de época estão por toda a parte. Alguns, de fato, são "expert" em falar sobre elas, mas todos podemos sentir na "pele do cotidiano" os desconfortos e as possibilidades dos novos tempos em processo de gestação. Dar nomes às questões não é tarefa fácil, e por isso precisamos brincar seriamente com a realidade, com ousadia poética.

Neste tempo de travessia, não faltam os anunciadores da desgraça e nem os otimistas sem causa. Entre nós, à distância, no "continente digital", eles mobilizam o "mercado da comunicação", apresentando seus dissabores e indigestões a um mundo marcado por desafios.

Temos profetas com identidade e endereço real. E temos anunciadores de seus próprios interesses, "camaleando" seus rostos e suas raízes culturais.

Temos pessoas lúcidas que falam e agem, curando relações feridas. E temos desintegradores de plantão.

Temos pessoas amáveis que hospedam os outros na casa da sua sensibilidade. E temos pessoas temíveis que aprisionam sonhos na indiferença.

Temos pessoas solidárias que buscam a transcendência no dom de si mesmos. E temos pessoas "egolátricas", que cavam na própria vida o inferno que não desejam.

Profecia, lucidez, amabilidade e solidariedade compõem uma sinfonia agradável a quem escuta a música da vida.

Simulação, desonestidade, apatia e individualismo, desenham um cenário letificante, pois ensurdecem os ouvidos do coração e cegam os olhos da alma.

Pensar com os joelhos no chão capacita para a arte do discernimento e das boas escolhas, aquelas promissoras, que abrem portas futuras no único lugar e tempo possíveis: o presente, o cotidiano da vida, com seus dramas e sombras, com suas belezas e luzes.

O autor, na presente obra, com sua profundidade poética, com sua espiritualidade militante e com sua arte mineira de captar silêncios, permite-nos experimentar a aventura de voar com duas asas: razão e fé.

Padre João Gomes, A.A.
Filósofo e teólogo

SUMÁRIO

Soneto da superação 17
Soneto da metamorfose 18
Soneto para a esposa 19
Soneto da inovação 20
Soneto da misericórdia 21
Soneto do soneto da misericórdia 22
Soneto do Só 23
Vice-versa 24
Vice-inversa 25
Cordé do mineiro pro matuto 26
Cordel filosófico 29
Mário se eterniza 35
Mitologia 37
As pragas 39
Hipocrisia 42
Insônia 44
O médico e o monge 46
Quem tem vive 48
Vida ou Morte 49
Condição 50

Amor de mãe 51
Pai é testemunho 53
Pecados capitais 54
Preconceito 56
Saudade 57
Entre o diabo e o anjo 58
O tombo 60
Paixão e ilusão 62
Pandemia 63
TOC-TOC 64
Ser mulher 65
Por você 66
Não te contaram 67
Loucura 68
Euforia 70
Guerra 71
Haicai 72
A bola 73
O segredo 74
Assombração 75
A caçada 77
Cavalgada dos Zés 79
Foi por um triz 83

Noé sem dilúvio 84
Vozes 85
Fome de emprego 86
Borboleta 87
Al pueblo chileno 89
A casa do João 91
Clarinha 92
Corta-corta 93
Dona Maria 94
O discurso do Papa 95
Pequena Joana 96
O que fazes? 97
Preconceito com o Jão 99
Vou com o Zé 100
Novelas 101
Pérolas da Dorinha 104
Recanto João e Maria 106
Seu Luiz 107
Conversa de Criança 108
O prêmio 109
Fãs do Palito 110
Os viajantes 112
A onça do Boldrin 114

ALMA INQUIETA

Símbolo sagrado do feminino **A** sas que voam ao destino
Cálix   **Fenix**
 San   Li
  gue   vre
   Jaz   **FÉ**   Paz
    Dor   Cor
     A   Es
      li   pe
       an   ran
        ça   ça
Celebração
Divino
Anúncio
Comunhão
Com Sacrifício
Santo Espírito Bênção

Livro sagrado, que dizes?	**Árvore** da vida, que dizes?
Em teus traços o que falas?	Em teus galhos o que falas?
Que ensinas aos aprendizes?	Que ensinas aos aprendizes?
Por que persistes e não calas?	Por que persistes e não calas?
Qual o conteúdo dos teus entes?	Qual o colorido das tuas folhas?
Como podes ainda ser tão presente?	Como podes auxiliar nas escolhas?

Neste mar revolto e de ondas traiçoeiras vou navegando em busca de conquistá-lo

Mar **O** lho

De olho na sabedoria para conhecer o caminho e capacidade para caminhá-lo

*Inspirado no caligrama de Guillaume Apollinaire

Soneto da superação

Ah quem me dera vencer a dor da saudade
Traçar sozinho o destino que desejo
Se pudera abandonar falsas amizades
Tecer no luto o passo firme que almejo

Ah se o soluço me acordasse pra verdade
Lágrima do choro confortasse com beijo
Em outros braços encontrasse algum cortejo
Se de novo me abraçasse a felicidade

Eu voltaria a dar afeto aos parentes
Eu daria aos novos amigos uma flor
Eu faria festa pra alegrar toda a gente

Você que na angústia tanto me deu valor
Você que esperou o meu tempo paciente
Você que sonhou ser meu novo grande amor

Soneto da metamorfose

Não mudei porque eu quis
Tão longe do que pensei
Nem foi fruto do que fiz
Talvez nem sei se mudei

Por momento infeliz
Ou foi tempo que sonhei
Das angústias que passei
Ser eterno aprendiz

Quem sabe se for mudando
Encontre a paz num lugar
Entre flores e espinhos

Quem sabe seguir buscando
Retornar e ali parar
Feliz seja o caminho

Soneto para a esposa

Não imaginei sereno sentimento
Conhecer a doçura que inflama
Com um sim sincero do casamento
Feliz caí no abraço de quem me ama

Sonhava viver um boçal evento
Que transformasse dois corpos em chama
Pra colar no teto o prazer da cama
Visto que é perene carnal momento

Ela vem nas nuvens pintando em cor
No silêncio do toque ergueu-me a mão
Visto que é eterno divino amor

Te amo em verdade além da razão
Pois te escolhi para chamar de flor
Pra ser a dona do meu coração

Soneto da inovação

Educado eu posso até não ser
Me chamaram velho, respondi só
Ainda tenho muito a aprender
Desculpe, arcaico é a sua vó

Idoso eu sou, é fato saber
Com a experiência desato nó
Lerdo não é paciência de Jó
A idade não impede de crescer

E dizem que velho só atrapalha
Desculpe, mas vou ter que concordar
Porque se diz perfeito, é a falha

Idosa tradição tem que guardar
Mas museu não é um lugar de tralha
O antigo tem que revitalizar

Soneto da misericórdia

Peço-lhe clemência
Foi ato de fraqueza
Dá-me a indulgência
Do tiro na mesa

Eu pedi decência
Olha a malvadeza
Pois xingou Tereza
Por sua aparência

Ah que pesadelo
Com arma na mão
Fui ao corpo vê-lo

Pedindo perdão
Miséria é apelo
Deste coração

Soneto do soneto da misericórdia

Peço-lhe clemência, ó divindade
Foi ato de fraqueza de um momento
Dá-me a indulgência desta maldade
Do tiro na mesa sem pensamento

Eu pedi decência pela verdade
Olha a malvadeza sem sentimento
Pois xingou Tereza em ato nojento
Por sua aparência e realidade

Ah que pesadelo que ali pairava
Com arma na mão eu desesperado
Fui ao corpo vê-lo se respirava

Pedindo perdão quase desalmado
Miséria é apelo pois exalava
Deste coração todo destroçado

Soneto do Só

Por
Paz
Dor
Jaz

Flor
Traz
Mais
Cor

Quem
Não
Tem

Pão
Nem
Chão

Vice-versa

Pensando andei...
Engraçado como é
O poema que diz
A mesma coisa
De cima para baixo
De frente para trás
E vice-versa
E versa-vice
De trás para frente
De baixo para cima
A coisa mesma
Que diz o poema
Como é engraçado
Andei pensando...

VICE-INVERSA

Leia de cima para baixo
Quero me suicidar!
Jamais vou dizer:
Quero viver!
Mas,
Duvida
Sentir prazer na vida;
Sonhar...
Quero sempre
Esquecer
O que passou
Eu não vou
Pedir pra sobreviver;
Quero morrer!
Se engana se pensa:
Viver para sempre...
Leia de baixo para cima

Cordé do mineiro pro matuto

Nós mineiros aqui debaixo
Olha o povo aí de cima
Pra contar causo de macho
Gente que a gente estima
Nos ensina o Nordeste
Os irmãos cabra da peste
Como fazer uma rima

Mostrar pra Deus e o céu
Também estamos na ativa
Nesta arte do cordel
Como falou Patativa
Pra ajudar na conversa
O Bráulio é bom a Bessa
Quanta gente criativa!

Num sei se oceis aí de riba
Zóia pra nossa escola
Cearense não é paraíba
Eu que confundo as bola
Tamém tem forró e catira
O matuto aqui é caipira
Repente é moda de viola

Pra falá de cordé em Minas
De caçada dizê pro cê
Deus do céu nos ensina
Gratidão pra quem fez vê
Mestre Gaio foi o pioneiro
Tem encontro de cordé mineiro
Coisa boa pra nóis crecê

Arregaça as carça até o juei
Depois do queijo coalhado
Aqui não tem aperrei
É cismado desconfiado
Nas terras da alterosa
Num dedim de prosa
Nóis fala tudo emendado

Sapassado foi antonti
O veiaco me falô
No pondioins pra beozonti
Doncotô e proncovô
Coitadocê prucadi quê
Num tem gái é bão sabê
Que arriégua é uai sô

JOSÉ CARLOS DA SILVA

Na cuzinha da cumade
Tem canjiquinha e brejú
Preferida do cumpade
Couve ou taioba com angu
Na foia da bananeira
Broa de melado que cheira
Tem torresmo com tutu

Tem pãozin de queijo
De tudo muncadiquim
Um tiquim pra matá desejo
Dôs dileite e cafezim
Tem até vaca atolada
Mastumate na macarronada
Muçá quiabo com franguim

Oceis manda rabanada
Mas aqui é dôs dipão
Arroiz dôs na paiada
Caipirinha com limão
No estádio tem tropeiro
Durante Galo e Cruzeiro
À pururuca, tem leitão

Goiabada, biscoi diporvi
Uma branquinha da mió
Cascudo, traíra do ri
Galinhada e pão de ló
Acende um cigarro de paia
Faz a barba com a navaia
Currião é um cipó

Festa Junina nóis tem iguarzim
Com sanfona, bandeira e canjicão
Pau de cebo não subo sozim
Pra num encarangar tem quentão
Broa, pé-de-moleque e pescaria
Vamo dançar na quadria
Porque o Jeca casou no sertão

Vamo encumendá umas arma
Nué a de dá tiro, mia fia
É arma de gente, ocê carma
Vamo cunóis na fulia
Vamo em romaria cantando
Nessas montanhas rezando
Até os zóio da gente bria

A lida pra nóis é serviço
Macaxeira aqui é mandioca
Homi lerdo é estrupiço
Mulher lerda é paçoca
Nóis tem sotaque e dialeto
Cafundó num é perto
Xiselinha é motoca

Se oceis tem muito artista
Nóis tamém tem cara bão
Nerso, Filó, Joselino, humorista
Milton, Moacyr, Pelé e Tostão
Mazzaropi é jeca qui nem nóis
Pra nossa curtura deu voiz
Qui nem feiz aí o Aragão

Nóis tem aqui Aleijadim
Quando briga Tiradente
Quem pensa qui nóis é quetim
Nossinhora, eu tô pra frente
Chica, Ataíde e Dona Beja
Doida demais essa peleja
Na história rica da gente

Grazadéus cachoeira aqui tem
Mar tem não sinhô
Deus milivri des trem
Inté eu nem dô valô
Essa tar da onda só apronta
Mas o que é bão demais da conta
É cumê quetim com amô

Espia só pra terminá
Rapa do tacho é caçula
Tem base ocê chiá?
Num falei bubiça do fula
Nigucim desconchavado
Antes que chame entojado
Vou cascá fora e picá a mula

Cordel filosófico

Conheça-te a ti mesmo
Assim Sócrates nos falou
Não escreveu a esmo
Pois escrita não nos deixou
É o mestre do conhecimento
Discursando ao relento
Na Grécia surgia...
Descobri a verdade
Mas não me deu felicidade
Essa tal filosofia...

Conquistava muita gente
O discurso dos sofistas
Só o sucesso tem em mente
Falácia a perder de vista
Desenvolveram a oratória
Por dinheiro conta história
Retórica se aprendia...
Descobri a verdade
Mas não me deu felicidade
Essa tal filosofia...

Na *polis* grega surgiu
O pensamento racional
Pra explicar o que viu
A natureza e o real
Desvendando o mito
Religioso ou aflito
O amor à sabedoria...
Descobri a verdade
Mas não me deu felicidade
Essa tal filosofia...

Foi com Tales de Mileto
O primeiro pensador
De água tudo era feito
A *arché* do criador
Mas Anaximandro discordava
Era do infinito que tudo originava
Pra saber de onde nascia...
Descobri a verdade
Mas não me deu felicidade
Essa tal filosofia...

Na verdade, tudo vem do ar
Anaxímenes assim discorreu
Isso fez Pitágoras pensar
Dos números tudo desenvolveu
Até hoje na escola
Seu teorema nos amola
Matemática e geometria...
Descobri a verdade
Mas não me deu felicidade
Esta tal filosofia...

É contraditório o movimento
Nos disse Zenão de Eléia
Empédocles com quatro elementos
Tentou sintetizar a epopeia
A origem aí se encerra
Em fogo, ar, água e terra
Amor versus ódio agiria...
Descobri a verdade
Mas não me deu felicidade
Essa tal filosofia...

Heráclito defendeu a mudança
Pra esquentar a discussão
Não banha no mesmo rio a criança
O fogo centro da razão
Parmênides interrompeu
O ser perene ele elegeu
Era constante ou movia...
Descobri a verdade
Mas não me deu felicidade
Essa tal filosofia...

Demócrito mostrou-se ativo
O átomo é a partida
Protágoras bem subjetivo
O homem é a medida
Semente do humanismo
Górgias funda o ceticismo
Acaso ser ou seria...
Descobri a verdade
Mas não me deu felicidade
Essa tal filosofia...

Sócrates criou a dialética
Contrapondo as ideias
A maiêutica apologética
Pra falar nas assembleias
Um modo de argumentar
Agir conforme pensar
Perguntava e respondia...
Descobri a verdade
Mas não me deu felicidade
Essa tal filosofia...

Dialética nos leva à verdade
Da caverna gritou Platão
Pra saber da realidade
Tem que sair da ilusão
Do mundo das aparências
Para o mundo das essências
Banquete, República, Apologia...
Descobri a verdade
Mas não me deu felicidade
Essa tal filosofia...

Desenvolveu a metafísica
Aristóteles com a essência dos seres
Pai da sociedade científica
Perfilou diversos saberes
Da lógica, política, potência
Da arte, ética e vivência
Categoria, causas, democracia...
Descobri a verdade
Mas não me deu felicidade
Essa tal filosofia...

Para sair do escuro
E basear a vida no prazer
Nos estimula Epicuro
Mas regras deve-se ter
Pirro sempre foi cético
E Diógenes sempre foi cínico
Do apego à revelia...
Descobri a verdade
Mas não me deu felicidade
Essa tal filosofia...

Com a chegada do cristianismo
Uniu-se fé e razão
Paulo e o apologismo
Pensam a religião
Cartas foram escritas
Reflexão foram ditas
A cruz que guia...
Descobri a verdade
Mas não me deu felicidade
Essa tal filosofia...

A Patrística colocou
O pensar em seu ninho
Conceitos elaborou
O Santo Agostinho
Deus e sua trindade
Dogmas e imortalidade
Arbítrio, seminais, cria...
Descobri a verdade
Mas não me deu felicidade
Essa tal filosofia...

Depois veio a escolástica
Provando Deus e o destino
Razão à luz da mística
Na Suma de Tomás de Aquino
O divino através do empirismo
A lógica dentro do cristianismo
Combatendo a heresia...
Descobri a verdade
Mas não me deu felicidade
Essa tal filosofia...

Com o advento do iluminismo
Montagne, Bacon e Espinosa
Difundiram o humanismo
Contra a crença religiosa
A política do maquiavélico
O universo de Copérnico
O fim da simonia...
Descobri a verdade
Mas não me deu felicidade
Essa tal filosofia...

A observância de Galileu
O método cartesiano
Pascal se declara ateu
Hobbes e Locke com planos
Montesquieu com três poderes
Voltaire, monarquia com deveres
Pensava, logo existia...
Descobri a verdade
Mas não me deu felicidade
Essa tal filosofia...

Hume na experiência sensível
Smith livre no mercado
Rousseau que via possível
A bondade no homem regrado
Kant criticou a razão
Baseado na ética do irmão
Conhecimento e mercadoria...
Descobri a verdade
Mas não me deu felicidade
Essa tal filosofia...

Nesta última parte do movimento
A dialética hegeliana
O real aplicado ao pensamento
Feuerbach não lhe foi bacana
Shopenhauer iluminado de tédio
Kierkegaard onde Deus é remédio
Idealismo e consciência...
Descobri a verdade
Mas não me deu felicidade
Essa tal filosofia...

Comte foi muito positivo
Marx lutou pela classe
Nietzsche nada ativo
Heidegger ser em face
Husserl foi fenomenal
E Russel foi dialogal
Só sei que nada seria...
Descobri a verdade
Mas não me deu felicidade
Essa tal filosofia...

Enfim, Habermas dialogando
Ou Foucault com o poder
Sartre existiu falando
Do nada e do ser
Arendt e Chauí deram recados
Cortella e muitos não citados
Tupiniquim é utopia...
Descobri a verdade
Mas não me deu felicidade
Essa tal filosofia...

Não foi geocêntrico
Não foi iluminismo
Não foi homocêntrico
Não foi existencialismo
Mas foi Deus como guia
E o amor da família
Feliz dia a dia…
Descobri a verdade
Mas só me deu felicidade
Essa tal filosofia...

Viajei, assim, pelo mundo
Repleto de pensamento
Não tive em nenhum segundo
O que desse contentamento
Agora não busco mais
Pois encontrei minha paz
No mundo de Sofia...
Descobri a verdade
Mas não me deu felicidade
Essa tal filosofia...

Mário se eterniza

Como dizia Cortella
O juízo final nivela
Quem não cheira nem fede
Seja longe ou perto
Conhecimento e afeto
Se guardar a gente perde
Não importa se acredita
Os mornos Deus vomita

Teto ou chão
Sim ou não
Frio ou quente
Quem sabe ou talvez
Vamos ver, é sua vez
No muro sente
Não importa se acredita
Os mornos Deus vomita

Uma vida fútil
Banal e inútil
Medíocre e amena
Reveja sua conduta
Pois a vida é muito curta
Pra ser pequena
Não importa se acredita
Os mornos Deus vomita

O milagre da multiplicação
Do peixe e do pão
Nos ensinou Jesus
Cada um leva um prato
E o que sobra reparto
É a partilha que produz
Não importa se acredita
Os mornos Deus vomita

Âncora fixa, raízes alimenta
Idoso é a idade que sustenta
Velho é não mais aprender
É ficar estagnado
Mudar é complicado
Mas acomodar é perecer
Não importa se acredita
Os mornos Deus vomita

Ir além da obrigação
Ela é partida, chegada não
Ser excelente na pior
Na condição que se tem
Até que outra lhe vem
Fazer o seu melhor
Não importa se acredita
Os mornos Deus vomita

A finitude é uma verdade
Muita ou pouca idade
De trapo ou de terno
O importante é o que fica
Na obra que comunica
O legado te faz eterno
Não importa se acredita
Os mornos Deus vomita

MITOLOGIA

Gaia esbravejou no purgatório
Quando viu o relatório
Do anjo mensageiro dali
Segundo o oráculo de órion
Montado num unicórnio
Se atreveu o saci
Abriu a caixa de Pandora
Reescreveu a história
Não imaginas o que vi...

Vi Poseidon contrariado
Por Jonas ter voltado
Da barriga da baleia
Fugindo do centauro
No labirinto do minotauro
Aracne tece sua teia
O ciclope vê do lado
Um boto rosa apaixonado
Pelo canto da sereia

Vi Édipo pela mãe apaixonado
Tendo o fígado pelo corvo devorado
Com Hades em erupção
Vi Dalila, como abusa
Cortar os cabelos da Medusa
Pra dar forças a Sansão
Vi Hércules tão forte
Desafiando a morte
Contra o rei Escorpião

Vi sobrevoando o Olimpo
Uma Esfinge fazendo garimpo
Com trabalho de anões
Mesmo que Vênus se irrite
Apolo encanta Afrodite
No limbo das paixões
Comendo o fruto proibido
Adão chama o Cupido
Pra flechar os corações

Vi um lobisomem doente
Frankenstein na corrente
Corcunda na catedral
As Ninfas treinando tiro
Bruxaria com o vampiro
Se olhar vira sal
Um dragão em tormento
Aguardando o julgamento
No Juízo Final

Vi a Fada do dente
Noel dando presente
O Pé Grande na floresta
Manga com leite dá ressaca
Noé enchendo a Arca
As velhas múmias em festa
Samurai matando Hidra
Chapeuzinho com a comida
Salvando o Elfo que resta

Pra voltar ao paraíso
Artêmis dar um sorriso
Pros gnomos tão ranzinzas
Antes que termine Cronos
Zeus desista dos tronos
E o Sucupira onde pisas
Fênix faça as pazes com Hera
E Aquiles mate logo essa fera
E nos ressuscite das cinzas

Desafiando o normal
E o que rege o rito
Vida ao sobrenatural
Memória ao que foi dito
O sentido vital
E o que acredito
O que seria do real
Se não fosse o nosso mito?

As pragas

Deus teve um sonho
Viu seu povo tristonho
Concedeu compaixão
Erguendo o cajado
Foi então liderado
Por Moisés e Arão
Ramsés não escuta
Começou, pois a luta
Pela libertação

Faraó assustou quando viu
Que as águas do rio
Mudaram de cor
Era o Nilo sagrado
De sangue banhado
Causando pavor
Os peixes morriam
Banho não tinham
Era a primeira dor

Faraó assustou com razão
Quando encheram o chão
De saltitante indeciso
Eram rãs abundantes
Pavorô coaxantes
Mas era preciso
Invadiram a terra
E assim não se encerra
Era o segundo aviso

Faraó assustou às avessas
Quando lhe coçou a cabeça
Continuando a saga
Aumentou o ferrolho
Uma invasão de piolho
Nos cabelos propaga
Nos pelos dos animais
Coçando mais e mais
Era a terceira praga

Faraó assustou pra valer
Viu o céu escurecer
Parecia fumaça
O barulho cinzento
Eram moscas no vento
Ou sobre a carcaça
Esse inseto estranho
Incomodando o rebanho
Era a quarta desgraça

Faraó assustou novamente
E ficou descontente
Com o assombroso que via
Animais padecendo
Pelos campos morrendo
O terror invadia
E o vento ligeiro
Espalhou todo cheiro
Era a quinta epidemia

Faraó assustou em seguida
Quando viu a ferida
Debaixo da veste
Parecera que adagas
Lhes fizera tantas chagas
Que não há pele que reste
Com os corpos doendo
Pelas cinzas descendo
Era a sexta peste

Faraó assustou com o escarcéu
Quando viu cair do céu
No meio da plantação
Pedras mudando a paisagem
Vão destruindo a folhagem
Comprometendo o pão
Uma chuva destruidora
Acabando com a lavoura
Era a sétima maldição

Faraó assustou bem escroto
Quando uma nuvem de gafanhoto
Veio sobre o castelo
Assustando o povo
A desordem de novo
Não foi nada singelo
Os insetos devoram
As plantas que choram
Era o oitavo flagelo

Faraó assustou com o breu
Quando o dia escureceu
Continuando a amargura
Não havia mais luz
Foi imposto um capuz
Parecia tortura
Três dias sem ver o sol
E o frio sem arrebol
Era a nona jura

Faraó assustou de vez
Quando na sua altivez
Se rendeu à verdade
Extinguindo o herdeiro
Dos filhos o primeiro
Morrendo sem piedade
Coube então decidir
Deixar o povo partir
Na décima calamidade

O povo saiu a caminho
Entre flores e espinhos
Compartilhando o pão
Abrir o mar foi capaz
Ramsés foi atrás
E precipitou no marzão
Foram construir a vida
Rumo à terra prometida
Longe da escravidão

Hipocrisia

De onde vem a doença?
Alguém já se perguntou?
A vacina, logo alguém pensa
E o laboratório lucrou
Será mesmo coincidência
Que a Hipócrates, pai da ciência
O médico sempre jurou

A boca é local do beijo
A gente lava, escova com flúor
Mas no banheiro não vejo
Só um papelzinho sem cor
Já que não dá pra vê
Nem vou usar bidê
Ninguém vai perceber odor

Tem advogado, juiz e deputado
Que todos chamam de doutor
Andam bem apessoados
Reivindicam valor
Mas não cuidam da saúde
Não preservam virtude
Não estão nem aí pra dor

E a moral dos bons costumes
Que fala em direitos humanos
O pobre trata como estrume
Se é rico e negro, é engano
Ao homo lhe chamam veado
Mas se animais são tão amados
Por que esse não tá nos planos?

Se um cão eu sacrifico
Pelo bem animal
Seu abandono eu critico
Isso parece surreal
Se o aborto aceito não
Frutos do estupro viverão
Sofrendo aborto social

De hipócritas foram chamados
Quem conspirava com os saduceus
Fingia serem sagrados
Guiando o clã dos hebreus
"Sepulcros caiados" sem luz
Foi o termo usado por Jesus
Para falar dos Fariseus

Hipocrisia é minha
É sua e de todos nós
Depende a quem convinha
Antes, durante ou após
Descubra o véu da maldade
E nos revele a verdade
Pra vivermos kairós

INSÔNIA

Me tira o sono
A voz da loucura
A doença sem cura
A dor sem sossego
Trabalhador sem ofício
Juventude no vício
O povo pelego
Ah se dormisse a escravidão!

Me tira o sono
A fobia e o racismo
O ódio e o fanatismo
O preconceito e o sofrimento
A perene vaidade
A inveja e a maldade
A falta de sentimento
Ah se dormisse a solidão!

Me tira o sono
O fogo alastrando
A boca secando
O sol a pino
A planta morta
Urubu dando volta
A poeira subindo
O filho sem banho
O pai sem rebanho
A mãe sem carinho
Ah se dormissem as trincas do chão!

Me tira o sono
O aquecimento global
O desmatamento brutal
O calor no inverno
O frio no verão
A enchente do riacho
A seca do ribeirão
A chuva que inunda a cidade
A chuva que não vem pra plantação
Ah se dormisse a poluição!

Me tira o sono
O menino no sinal
A menina na esquina
O mendigo banal
O filhote sem sina
O homem no lixo
A mulher no bordel
Disputando com os bichos
Na pilha de papel
Ah se dormisse a falta de pão!

Me tira o sono
O vereador ignorante
O prefeito pedante
O governador arrogante
O deputado falante
O senador maçante
O presidente delirante
A direita ditante
A esquerda conflitante
O centro inoperante
Ah se dormisse a corrupção!

Me tira o sono
A prisão urbana
A falta de segurança
A polícia desumana
As feridas na criança
A esposa agredida
O padrasto tarado
O patrão sem medida
O sonho furtado
Ah se dormisse o ladrão!

Me tira o sono
E ainda bem que tira
Deus me livre a indiferença
Coitado de quem pensa
Que a menos que me fira
Que bom que me importa
Ainda que eu não durma
Somos todos da mesma turma
Na cama da vida torta
Ah se dormisse a desilusão!

O MÉDICO E O MONGE

- Eu viso a realidade
  Não escondo a verdade
  O que vem do conceito
- Eu viso o espiritual
  Não escondo o real
  Vivo o que vem do peito

- Eu falo sobre a certeza
  E opero na mesa
  Sobre a rigidez da razão
- Eu falo sobre a presença divina
  E o que a vida ensina
  Sob a fluidez da emoção

- Eu comunico nas obras
  A pesquisa desdobra
  Pela monocórdia
- Eu comunico na oração
  Louvo e peço perdão
  Pela misericórdia

- Eu frequento as faculdades
  Os anais da humanidade
  Pelo nobel professor
- Eu frequento templos e igrejas
  E rogo: assim seja!
  Pelo santo intercessor

– Eu me oriento da reflexão
　Com clareza e distinção
　E o que é imanente
– Eu me oriento com a doutrina
　O mistério que fascina
　E o que é transcendente

– Eu estudo o processo
　Explicando o universo
　No objeto pesquisado
– Eu contemplo o mito
　Que dá luz ao rito
　Na celebração do sagrado

– Eu sonho em descobrir a cura
　Ter consciência segura
　Porque a morte é fatal
– Eu sonho em ir para o céu
　No juízo não ser réu
　Porque a morte não é o final

– Eu admiro a sua ciência
　Entender o que o cérebro pensa
　Viver com erudição
– Eu admiro a sua fé
　Saber como o coração é
　Viver numa religião

– Juntos na força da mente
　Agnóstico ou crente
　Transmitindo bondade
　Com testemunho de vida
　O que importa é a lida
　Com felicidade

Quem tem vive

Quem assume a experiência
Tem sabedoria e paciência
Vive a maturidade

Quem assume a transcendência
Tem agonia e indulgência
Vive a santidade

Quem assume a coerência
Tem isonomia e transparência
Vive a verdade

Quem assume a coexistência
Tem fidalguia e convergência
Vive a amizade

Quem assume a benevolência
Tem autonomia e prudência
Vive a honestidade

Quem assume a resiliência
Tem simpatia e consciência
Vive a fraternidade

Quem assume a independência
Tem valentia e abstinência
Vive a liberdade

Quem assume a carência
Tem fantasia e inocência
Vive a humildade

Quem assume a evidência
Tem poesia e inteligência
Vive a dignidade

Quem assume a essência
Tem alegria e persistência
Vive a felicidade

Vida ou Morte

Parir ou extinguir
Nascer ou perecer
Além ou aquém
Prazer ou sofrer

Bênção ou maldição
Norte ou corte
Partilha ou guerrilha
Sorte ou mavorte

Fruto ou luto
Bondade ou maldade
Beijo ou bocejo
Verdade ou falsidade

Celeste ou peste
Acolhida ou despedida
Terno ou inferno
Chegada ou partida

Condição

Eu fico puto
Porque a cada minuto
Uma mãe de luto

Eu fico com medo
Porque sei seu segredo
E ele é azedo

Eu fico zen
Porque gente de bem
Só serve de refém

Eu fico com saudade
Porque agora na comunidade
Impera a maldade

Eu fico na minha
Porque sei que na rinha
A paciência é curtinha

Eu fico caduco
Porque na mão de um maluco
O tamanho do trabuco

Eu fico calmo
Porque a sete palmo
Não tem oftalmo

Amor de mãe

Me perguntaram um dia
Qual que seria
O amor mais puro que se sente
Respondi sem pensar
Em matéria de amar
A mãe não tem oponente

Essa mulher verdadeira
Trabalha, sacode a poeira
Sentimento é sua mobília
Cura quem machuca
Cozinha, lava e educa
Alicerce da família

Quando a gente festeja
Ela abraça, ela beija
Chama todos pra mesa
Ela leva carinho
Pra quem no canto sozinho
Tem alguma tristeza

Quando a gente duvida
E acelera a batida
Do nosso coração
Ela mostra que é
A tal força da fé
O que nos dá chão

Que médico seja
Que preso esteja
Não importa o labor
Culpado ou inocente
Pelo filho ela sente
O mesmo amor

Quando a coisa aperta
E falta a coberta
Nos alude a pobreza
Doa o pouco que resta
Pois ser modesta
É sua maior riqueza

Quando a gente cai
É ela quem vai
Limpar a ferida
Descobrimos na dificuldade
Que o amor de verdade
Transforma a vida

Mãe, me lembro você
Me ensinou a viver
Do amor mais profundo
Deus lhe deu esse dom
De sentir como é bom
O amor mais puro do mundo

Pai é testemunho

Em tempos de dificuldade
Nos deu o sustento
Com honestidade
Proveu o alimento
Pai é suporte
Um chão firme e forte

Se andar era fronteira
Não me deu um abraço
Mas um carrinho de madeira
Pra sustentar meus passos
Pai é suor
Na necessidade vira inventor

Se lutar era a sina
Educando a criança
A trabalhar, ele ensina
Com base na confiança
Pai é guia
O herói da fantasia

Se são tempos rebeldes
De filho adolescente
Ele tema e não cede
Respeito aos parentes
Pai é chato
Corta o barato

Se chega a juventude
É hora de sonhar
Ele fomenta atitude
O prazer de realizar
Pai é educação
Com o exemplo dá lição

Se vem a maturidade
Netos lhe são presentes
Dos filhos mata saudade
Naqueles pinguinhos de gente
Pai é vinho
Velho bom caminho

Se pesam os dias
E precisa de cuidados
Compra o que vendia
Viver pelos amados
Pais são muitos ais
Filhos viram pais dos pais

Pecados capitais

Lúcifer se levanta em vanglória
Com soberba e futilidade
Narciso, um ego que aflora
Aclamando sua superioridade
Essa tentação que me invade
Deus me livre a vaidade
Dá-me humildade!

Belzebu com fome atiça
Uma brusca alimentação
Egoísmo que desperta cobiça
Mais e mais acumulação
Essa tentação que me rotula
Deus me livre a gula
Dá-me moderação!

Mamon se agarra ao que tem
Sem escrúpulos e gratuidade
Ganancioso ao que lhe convém
Apegado à perenidade
Essa tentação que me rudeza
Deus me livre a avareza
Dá-me generosidade!

Leviatã de olho no alheio
Se alimenta da falsidade
Ter o do outro é seu anseio
Quer o status da alteridade
Essa tentação que enseja
Deus me livre a inveja
Dá-me caridade!

Asmodeus astuto em culhões
Incendeia a virilidade
Abraçado ao prazer das paixões
Materializa a sensualidade
Essa tentação que me tortura
Deus me livre a luxúria
Dá-me castidade!

Azazel encarnando o mal
Num reinado de violência
Em furor, com ódio boçal
Encoleriza a convivência
Essa tentação que me inspira
Deus me livre a ira
Dá-me paciência!

Belphegor calmo e indolente
Desdenha da atitude
Vagaroso e negligente
Com ociosa lentitude
Essa tentação que me enguiça
Deus me livre a preguiça
Dá-me plenitude!

Evágrio, Gregório e Aquino
Bento e Dante em seu inferno
O pecado regendo o destino
Num mundo que não governo
Essa tentação que me guia
Deus me livre a ousadia
Dá-me amor fraterno!

Preconceito

O seu?
Me ofendeu
Dói no peito
Passou dos limites
Cadê o respeito?
Isso é desumano
Termo sem jeito
Senti na pele
Isso não aceito
Gênero, raça, condição
Social, origem, trejeito
Tem que punir
O maldito preconceito

O meu?
Mal-entendido
Ação impensada
Porque não sabia
Fui mal interpretada
Totalmente sem querer
Não foi nada
Todo mundo diz
Fui provocada
Releva numa boa
Foi apenas uma piada

SAUDADE

Saudade é sentimento
Daquilo que viveu ou que viu
Do parente ou amigo que partiu
Do tempo que sorriu
Saudade bagunça por dentro

Saudade é influência
De alguém importante
Mesmo que distante
Que ajuda no avante
Saudade dói a consciência

Saudade é bicho-da-seda
Se enclausura na lembrança
Baseado na esperança
De atingir a mudança
Saudade dá força na perda

Saudade é agonia
É querer repetir o momento
É sair do isolamento
É ter na dor um alento
Saudade evita a melancolia

Saudade é recordação
Do doce que a tia dava
Da criança que brincava
Do velho que ensinava
Saudade traduz emoção

Saudade é recado
Do professor que sonhou
Do artista que protestou
Do gênio que inventou
Saudade traz legado

Saudade noutra língua tem não
Porque é uma procura do ausente
Que queremos presente
Na vida da gente
Saudade é nossa criação...

Entre o diabo e o anjo

Foi quando fechei os olhos e vi
O diabo com a porta aberta
Pedindo pra eu o seguir
Com uma capa nada discreta
Um anjo então me exorta
Foi abrindo uma outra porta
Começaram assim as ofertas:

Vem comigo que vou te mostrar
Um lugar para doar sorriso
Aqui vamos nos comunicar
Da sua ajuda eu preciso
Vai sentir o prazer dos amores
Pelos caminhos de flores
Bem-vindo à paz do paraíso

Vem comigo que vou te mostrar
Um lugar pra passar o inverno
Aqui ninguém vai te censurar
E tem muita gente de terno
Vai sentir da carne os prazeres
Não vão te cobrar os deveres
Bem-vindo ao fervor do inferno

Não se iluda vem comigo
Vamos ver o sol nascer
Livrar o próximo do perigo
Uma fogueira acender
Vamos apreciar a vida
Mesmo que seja sofrida
Esse dom agradecer

Não se iluda vem comigo
Vamos jogar pra valer
Eu te tiro do castigo
E deixa o fogo arder
Vamos curtir bem a vida
Encher a cara na bebida
Drogados pra não sofrer

Aqui somos todos iguais
Não se preocupe com segurança
Homens, mulheres e animais
De toda raça, velho ou criança
Mesmo na dificuldade
Prevalece a fraternidade
Nosso alimento é a esperança

Aqui fazemos parte da nobreza
Se precisar estamos armados
Você só vai ver riqueza
O alimento é disputado
Tem um cantinho pra trapacear
Eu posso até lhe ensinar
Como agir pra ser respeitado

Por aqui a noite tem lua
Vivemos na tranquilidade
A beleza é minha e sua
A natureza é divindade
Fazer o bem é nosso serviço
Mesmo se exigir um sacrifício
A paz é nossa verdade

Por aqui a noite é loucura
Tem barulho, tem zoeira
Eliminamos a feiura
Queimamos toda madeira
Não admitimos trabalho
Atiramos nos bichos do galho
A guerra é nossa bandeira

O diabo já rubro de raiva
O anjo pálido de graça
No silêncio que pairava
Uma nuvem cobriu a praça
Ali já rolava uma aposta
Os dois pedindo resposta
Por qual porta você passa?

Pode parar, meus senhores
A propaganda a persuadir
Vermelho ou branco são cores
Que até gosto de vestir
Tudo isso tem lá na terra
A oferta aqui se encerra
Foi quando abri os olhos e nada vi

O TOMBO

Escorreguei e caí da escada
Rolando contra o clima
Isto mesmo, foi a jornada
Fui parar no andar de cima

O Criador fui encontrar
Quem a vida determina
Aproveitei pra perguntar
De coisa que desatina

Perguntei por que no mundo
Morre tanto inocente
Enquanto malvado fecundo
Vive alegre, contente

Perguntei por que a guerra
A maioria sofrendo
Pondo em risco a Terra
Pra poucos satisfazendo

Perguntei por que o pobre
Gente morrendo de fome
Enquanto o rico é nobre
Ostenta o que consome

Perguntei por que o bandido
Vai aumentando riqueza
O trabalhador sofrido
Não tem o que pôr na mesa

Perguntei por que o corrupto
Ele sempre se dá bem
Posa de santo, o astuto
Dando esmola pro Zé ninguém

Perguntei por que a justiça
Não abona quem é legal
Enriquece quem cobiça
Quem é mal não colhe o mal

Perguntei por que pretende
Para todos o perdão
Ao assassino que arrepende
Devo estender a mão

Perguntei se Ele é bondade
E é o criador de tudo
De onde vem a maldade
Por que permite o absurdo

Ele nos olhos me disse
Belas perguntas você tem
Bem e mal são crendice
Depende a quem convém

Certo e errado é relativo
Com arbítrio lhes criei
Se são tão criativos
Onde foi que errei?

A matéria-prima foi dada
Pra viver com muito amor
Se busca coisa errada
Por que me culpa da dor?

Faça perguntas sempre
Sobre toda realidade
Se possível contemple
Estarás mais perto da verdade

Volte pela escada até o chão
Cure as feridas e bolhas
Aprenda e diga ao mundo a lição
Tudo depende de vossas escolhas

Paixão e ilusão

Paixão é sintoma
Ilusão é disfunção
Paixão é soma
Ilusão é divisão
Paixão é cosendo
Ilusão é quociente
Paixão aprendendo
Ilusão estar ausente

A força do desejo
Personalidade do outro
Carícia do beijo
Repulsa do arroto
Há uma linha tênue
Entre a paixão e o esgoto
Não é à toa que o órgão do sexo
Fica bem perto do escroto

Coração palpitando
Sem medo, sem guia
Pupilas dilatando
Entrega em demasia
Descobriu tarde demais
Quando cego, insuspeito
Que o bom rapaz
Arrancou o coração do seu peito

PANDEMIA

Calamidade no mundo
Espalhou bem fecundo
Um vírus que agride
Fadiga na respiração
Um forte ataque ao pulmão
São tempos de covid

A vida incerta
A rua deserta
Confinamento
Entre paredes
Unidos na rede
Compartilhamento

Máscara na face
Álcool sempre passe
Deus nos ajude
Comércio fechado
Socorro lotado
Um caos na saúde

Corre ali com a maca
Desfibrila, põe placa
Entuba no beco
Moribundo no leito
Um sufoco no peito
Afogado no seco

Pode ser paranoia
Há quem vê a tramoia
É paradoxal
Chinês no respiro
Venceu sem dar um tiro
A terceira guerra mundial

TOC-TOC

Tem dias que acordo
Fecho a janela
A janela fecho
A janela fechada

Tem dias que acordo
Tranco a porta
A porta tranco
A porta trancada

Tem dias que acordo
Acerto o relógio
O relógio acerto
O relógio acertado

Tem dias que acordo
Organizo o armário
O armário organizo
O armário organizado

Queria um dia acordar
Viver sem rever
Bagunçar sem sofrer
Colecionar por prazer
Roteiro não seguir
Queria um dia dormir...

SER MULHER

Mulher é dedicação
Feito Amélia é passado?
Enche a família de cuidado
Deixa o homem mal-acostumado
Mesmo ele estando errado
Ela ainda pede perdão

Mulher é barbaridade
No sul é feito Anita
No sonho ela acredita
Se dói ela grita
Faz tudo pra ficar bonita
Constrói sua liberdade

Mulher é bicho arretado
Na poeira do nordeste
Vive do que reste
Educa cabra da peste
Ainda seduz com uma veste
Carrega firme seu fardo

Mulher é da hora
No centro do país
Sendo chefe ou atriz
Conquista espaço que quis
Respeito pra ser feliz
Protagonista na história

Mulher é paixão
Tem um ciúme que invade
O grupo das amizades
Abusa da sensualidade
Se entrega de verdade
Escuta o coração

Mulher é flor
Tem no beijo a doçura
No silêncio a amargura
No desejo a procura
No cuidado a bravura
É relicário do amor

POR VOCÊ

Por você eu faria canção
Puxaria a lua pra perto
Lhe daria água no deserto
Plantaria luz na escuridão

Por você eu passaria fome
Encontraria a cura pro tempo
Descobriria no firmamento
Uma estrela pra dar seu nome

Por você eu vou ao topo
Puxar o touro pelo rabo
Dar um susto no diabo
Esfriar o sol com sopro

Por você carregaria avião no boné
Revelaria de todo cofre o segredo
Defenderia bala com o dedo
Dormiria com leão na arca de Noé

Pode parecer exagero
Controverso o conteúdo
Queria é falar pro mundo
Do meu amor verdadeiro

Por você eu sofro e clamo
Só não sou capaz, ao te ver
De olhar nos teus olhos e dizer
Faço tudo porque te amo!

NÃO TE CONTARAM

Não te contaram que a política
É suja, interesseira e erítica
Viva a crítica!

Não te contaram que a sociedade
É quem sustenta a desigualdade
Viva a equidade!

Não te contaram que a história
É mais dor do que glória
Viva a memória!

Não te contaram que a pobreza
É vítima da avareza
Viva a gentileza!

Não te contaram que a guerra
É civil quem berra
Viva a terra!

Não te contaram que a violência
Se não reprime compensa
Viva a decência!

Não te contaram que a polícia
Recebe suborno da milícia
Viva a justiça!

Não te contaram que a esmola
É mais delinquência e não consola
Viva a escola!

Não te contaram que a loteria
Mais arrecada do que premia
Viva a utopia!

Não te contaram que a fé
É usada pra enriquecer algum "Noé"
Viva Tomé!

Não te contaram que a morte
É pra todos e independe da sorte
Viva e conforte!

LOUCURA

Loucura?
Doença
Sem cura
Demência
Sem postura
Inocência
A pura
Aparência
Sem feiura
Sofrência
Com doçura
Docência
In natura
Decência
Na secura
Consciência
Com rasura
Violência
Em ditadura
Carência
De jura
Paciência
Com fartura
Que clausura!
Oh figura!

Loucura é criança
Sem esperança
É conchavo
Cobrança
E matança
Do escravo

Loucura é bandido
Protegido
Na rua
Honesto coagido
Compelido
Na casa sua

Loucura é gente
Adolescente
Com gravidez
Nem sabe a carente
Qual delinquente
Que fez

Loucura é quem
Não tem
Dinheiro no bolso
O saber aquém
De quando vem
O próximo almoço

Euforia

Lucro para o burguês
Troco para o freguês
Meta atingida no final do mês
Jones contra Connor irlandês
Adolescente na praia de nudez
Sexo pela primeira vez
Visita ao castelo inglês
Tyson na estupidez
Pingo d'água na aridez
Legítima defesa sem saber o que fez
O artista na maluquez
Mendigo na embriaguez
Pastor curando invalidez
Ganhar dos russos no xadrez
Coração valente para o escocês
Para o campesino, a cria da rês
Atendendo desejos na gravidez
Vovó pegando os bebês
Compra de perfume francês
Sorteio das loterias nas tevês
Espartacus contra o gaulês
Carnaval nas matinês
Vencedor no corredor polonês
Gol do Pet aos quarenta e três
Crianças com bambolês
Ser lido por vocês

GUERRA

Ali na cadeira...
Montando estratégia
Com a patente régia
Fazendo aliança
Ordenando matança
Pelo poder econômico
Sob o risco atômico
No interesse político
Com o social crítico
Histórico supremacista
E religioso fundamentalista

Ali na trincheira...
Não tem certo ou errado
Inocente ou culpado
Quem deu o primeiro tiro
Só quem perdeu o respiro
Não tem dinheiro ou segredo
Tem angústia e medo
Não tem música no ouvido
Só barulho do indivíduo
Estouros não sei onde
Corre, corre, se esconde
Sol não brilha
Armadilha

Ali na cegueira...
Golpe de sorte
Escape da morte
Tiro de raspão
Muita aptidão
Por coincidência
Teve clemência
Cabeça-de-bagre
Milagre

Ali na poeira...
Civis desolados
Corpos ensanguentados
Psico com trauma
Humanos sem alma

Ali na matemática da guerra:
É a soma das cadeiras
É a multiplicação das trincheiras
É a subtração da cegueira
É a divisão da poeira
O Resultado é a insanidade na terra

Haicai

Vida ratataia
Espinhos não atrapalha
Sabor da Pitaya

    Se o homem planta
    Se a mulher acalanta
    A criança janta

A formiga rói
João-de-barro constrói
Natureza dói

    Abelha trabalha
    Marimbondo atrapalha
    Vida é batalha

Mas que simpatia!
Três pulinhos, alivia?
Acho que sim, tia.

    Viver com paixão:
    Perder juízo, noção;
    Sem pai e sem chão!

Eu não me acostumo
Com essa fome insana
Mundo do consumo

A BOLA

Lá vai a bola...
Pode ser uma esfera
Preenchida de ar
Ou terra com água
Com atmosfera
No sistema solar
Ao redor as estrelas
A noite pra vê-las
Bola branca que é lua
Bola de fogo recua
Pra que possam brilhar

Lá vai a bola...
Atrás dela uma multidão
Que vai por aí
Que chora e que ri
Um povo que vibra
Que para e que dribla
Que se desespera
Que aplaude a galera
Frenesi de emoção

Lá vai a bola...
Meu simples brinquedo
Ofício, tão cedo
No tapete ou terrão
Não importa a camisa
Ou gramado onde pisa
Bola leva paixão

Lá vai a bola...
Girando no espaço
Promovendo golaço
Agitando a torcida
Bola que rola
Nos pés dos pequenos descalços
De tantas feridas
Desenrolando sonhos
Nos pontapés da vida.

O segredo

Vou te contar um grande segredo
Mas confesso que estou com medo
Guardar só pra mim não tenho apego
Mas fofoqueiro todos apontam o dedo
Eu queria até contar pro Pedro
Mas ele saiu pra procurar emprego
Confio que seja discreto ou retrocedo
Se contar pra alguém fico azedo
Mas isso tem me tirado o sossego
É que na floresta depois do vinhedo
Onde fui caçar hoje bem cedo
Numa caverna do outro lado do rego
Entrou um casal de rato no rochedo
E te conto o dilema deste enredo
O que saiu foi um casal de morcego

Assombração

Assustei quando vi
O passado da hora
"Sodei" o tio Jaci
Era pra ter ido embora
E agora o que faço
Apertei o compasso
Do burro na espora

O sol se pôs
E veio a escuridão
Sobre o rio transpôs
De lanterna na mão
Um trecho sério
Perto do cemitério
Fama de assombração

A estrada afunilava
Pro meio do matagal
A neblina esfriava
Um silêncio anormal
As pilhas acabando
O medo aflorando
Nunca senti igual

Burro levantou as orelhas
Uma coruja voou
Vagalumes em centelhas
Quando o burro parou
Vento aumentou de repente
E perdido na mente
Meu coração gelou

Um barulho que ruiva
Mas nada se viu
Sobre o meu guarda-chuva
Alguma coisa explodiu
A mão tremia
A voz não saía
Só pânico e arrepio

Como se não bastasse
Antes de me acalmar
Um branco de uma face
Não consegui espiar
Um barulho forte
Pensei: é a morte
Que veio me buscar

Tapei a visão do selvagem
Naquele desespero
E buscando coragem
Risquei meu isqueiro
Desci do burro
Ouvindo sussurros
Precisava de banheiro

Aproximei lentamente
Dos barulhos esquisitos
Não via nada na frente
Só roncos e gritos
Pra minha surpresa
O que vi com certeza
Ainda não acredito

Caiu-me um maracujá
Sob o ninho de anus
Mas a bagunça de lá
Até tirei o capuz
O branco? Uma carcaça
Disputada na raça
Por dois grandes tatus

A CAÇADA

Fomos juntos pra caçada
Eu, tio Zé e Marcolindo
As armas preparadas
Cartucheira estava tinindo
Um facão na algibeira
Mais umas três peixeiras
Munição e vamos indo

Aprumamos pro morro
De galocha e compassado
Nos puxava os cachorros
Bicho de faro afiado
Adentrando pela mata
Procurando a trilha exata
Ou algum enlameado

Olhando os pés dos arbustos
Se tinha marcas de dentes
Quase morri de susto
Com o chocalho da serpente
Até dava um guisado
Mas um veneno danado
Melhor seguir em frente

Vi amassado e cartucho
É sinal de mais gente ali
Tinha resto de bucho
Onde limparam um javali
Urubu sobrevoou
Gavião precipitou
Briga boa que eu vi

Tem companhia na copa
Muriqui de olhar atento
Atirar, alguém topa?
Tio Zé percebeu o vento
Foi desviando empecilho
Quando ia puxar o gatilho
Lhe veio um tormento

Quando arredou algo redondo
Pra dar seu tiro certeiro
Era uma caixa de marimbondo
Lhe atacou o vespeiro
Saiu sacudindo o jaleco
No meio de tanto eco
Muriqui fugiu ligeiro

Sofrendo com a cara inchada
Foi picada pra encardir
Tio Zé abandonou a caçada
Mas nós decidimos seguir
Soltamos a cachorrada
E fomos fazendo picada
Pra saber por onde sair

Depois de atravessar a grota
Puro espinho e cipó
Marcolindo furou a bota
E rasgou o paletó
Cansado, em frangalhos
Decidiu pegar um atalho
Me deixando só

Eu pensei comigo mesmo
Deus não me deixa sozinho
Comi farinha com torresmo
Pra aguentar o caminho
Enfrentei a maçaroca
Pernilongo e muriçoca
Japecanga e seu espinho

Como música pro ouvido
E dar força na fraqueza
Escutei, então, o latido
Cães acuando a presa
Corri espalhando anu
Em direção à toca do catitu
Revigorou a destreza

Cheguei sem perder o foco
Na caverna da pedreira
Quando olhei não vi porcos
Tremi na estribeira
Lembrei de olhar o diário
No relógio, o calendário
Quaresma e sexta-feira

O bicho era muito grande
Arrepiado feito ouriço
Uns dentões que expande
Fedia a enxofre o catiço
Não saiu voz no grito
Engoli sem querer o pito
Encostei no precipício

Os cães saíram chorando
Quando o bicho rosnou
Eu sofrendo suando
Pedi perdão ao Senhor
Aflito, tremendo e mudo
Apontei a arma pro peludo
Aí o trem mascou

Quando acuado virei
O lobo me olha e brama
Pisei em falso e despenquei
Desci rolando pela disgrama
Quando a morte era certa
Veja só a descoberta
Acordei caído da cama

Cavalgada dos Zés

Vamos juntando a comitiva
Essa moçada ativa
De chapéu e de fivela
Também os experientes
Zé Nutela orienta os presentes
Bem na frente da capela
Padre Zé Cortella toca o berrante
Faz uma oração confiante
Mostrando o que a escritura revela
Zé Remela anuncia a saída
Como se fosse na lida
Aperta a barrigueira da sela
Zé Tramela liga o som da charrete
Um jumento quase derrete
De amor pela potra Novela
Mais adiante uma travessia
Zé da Trela arrebentou a cilha
Os cães passaram na pinguela
Do alto do morro se avista
Carros passando lá na pista
Paisagem muito, muito bela
Animais, pássaros cantando
Sinais, placas anunciando
Da natureza aqui se zela

Uma parada na água da mina
Zé Gazela mata sede da campolina
Compartilha pão com mortadela
Passando no Boqueirão
Moega, Andaluz e Rincão
Perdi a conta das currutelas
Montado no cavalo pedreis
Zé Tigela cavalga pela primeira vez
Esqueceu de ajustar a correia da barbela
Zé Cinderela a égua pampa espora
A mula do Zé Baixela demora
Pra passar dentro da cancela
O alazão assusta com o coiote
Mas segue firme no seu trote
Não marcha como a potra magrela
Um tordilho faz acrobacias no bar
No burro baio, puseram pra marchar
Um par de pulseiras na canela
Cuidado, na rédea segura!
Arrancou até a ferradura
Os saltos da mula Portela
Já terminando o dia
Vai chegando a companhia
No terreiro do Zé Favela
Zé Chancela declama uns versos
Juntando o povo disperso
Em torno do fogo de vela
Zé Magela acende uma fogueira
Agora o povo dança noite inteira

A sanfona parece que esgoela
Zé Tondela dedilha a viola
Essa moda que consola
O povo canta as mazelas
Zé Bitela muito astuto
Com a brasa acende um charuto
E toca "franguinho na panela"
Zé Viela deu um garrote de cupim
Pro bingo da cirurgia do Zezim
Vamos marcar na cartela
Zé Tagarela conta causos de onça
Zé Muçarela enche a pança
Zé Chinela mete pinga na goela
Zé Sentinela viu uma noiva sem escolta
Pediu pra dançar com ela uma volta
E ignorado chamou a moça de cadela
Zé Banguela arrancou a garrucha
Mas quando o dedo ele puxa
Ela masca batendo biela
Todo mundo ri do sujeito
Ele pedindo respeito
Dá um tapa na donzela
Aí a coisa esquenta
Pontapé e soco na venta
Vai aumentando a querela
Mais gente entra na quizumba
Porretada e chute na bunda
Juntou toda a parentela
Rolando no chão ninguém safa

Voa vassoura, chapéu e garrafa
Cadeira, tacho e gamela
Poeira sobe e a situação aperta
E quando a matança era certa
Um grito forte vem da janela
Padre Zé Cortella com seu grito
Em todo povo dá um pito
Um silêncio que congela
Explicou as raízes da festa
Sobre o amor que ainda resta
A diversidade na aquarela
Pediu as armas guardar ligeiro
Pediu uma música ao sanfoneiro
Que pra comer ainda tinha vitela
O povo voltou a sorrir
Cantando a se divertir
A briga foi bagatela
Quem quiser fazer parte
Dessa cavalgada que é arte
Que a todo povo nivela
É só vim ver como é
E também se chamar Zé
E não ser um Zé Ruela

Foi por um triz

Numa cadeia gigante
Com prisioneiros falantes
Gente que nunca vi
Prisioneira chorava
A outra gritava:
Me tirem daqui!

Falei pra guarda na escada
Que me olhou bem gelada
Eu sou inocente!
Um prisioneiro do lado
Respondeu o meu brado
Todos somos valente!

Esse pavor que me invade
Olhei pela grade
Pensei em fugir
O buraco era pequeno
Alguém me fez um aceno
Não tinha como sair

A chefe da cela que resido
Me chamou de querido
E iniciou a cantiga
Eu em meio ao soluço
E ela vem com discurso
Que era minha amiga

Eu desconfiado
Com um medo danado
Não aceitei nenhum presente
Nos sentou na cadeira
A morte era certeira
Deus, piedade da gente!

Uma sirene gemendo
Todos saíram correndo
Peguei minha sacola
Minha mãe no portão
Gritando: vem João
Foi meu primeiro dia na escola

Noé sem dilúvio

O Noé lá da roça
Duvida quem possa
Mas vou-lhe contar
É o Véio do Rio
Que causa arrepio
Pras bandas de lá

Com a fauna e a flora
Consola quem chora
Ele é piedoso
Dizem por aí
Que vira sucuri
Quando fica nervoso

Expulsa caçador
E também bimotor
Que sobre os índios pairava
Sua filha é a Juma
Dizem que vira puma
Quando tá com raiva

Contemplando a beleza
Da mãe natureza
Tudo que Deus criou
A despedida do sol
No clarão do arrebol
Até a cascata chorou

Protegendo a floresta
O campo e o que resta
Ali de valor
Sua Arca é o mundo
A quem tem um profundo
Encanto e amor

Vozes

Ouço gritos
Assim ditos
Boca proclama
Língua exclama
Pálido entoa
Muito ecoa
Pede sorriso
Canto preciso
Bela fala
Quando cala
Silêncio morto
Anúncio torto
Comunica certo
Chama perto
Toca campainha
Sona sozinha
Dialoga vantagem
Emite linguagem
Som astuto
Brado curto
Claro ruído
Clamor ouvido
Gente diz
Escuta bis
Discursos ferozes
Somente vozes

Fome de emprego

Macarronada, torresmo e tutu
Purê, taioba e angu
Frango, quiabo e lasanha
Tropeiro, camarão e picanha
Não tem galho
Eu me alimento do trabalho

Carreteiro, pescado e baroa
Leite, café e broa
Tapioca, mocotó e baião
Feijoada, cuscuz e salpicão
Vou pelo atalho
Eu me alimento do trabalho

Essa fome de emprego
Que não dá sossego
O tempero do ofício
O prazer do serviço
Por isso que eu falo
Eu me alimento do trabalho

Borboleta

Um ovo na folha
Da copa da figueira
Sem ter escolha
Nasceu a leseira

Uma larva rastejante
De grande feiura
Ser insignificante
Com medo de altura

Pediu força ao divino
Pra deixar de ser chulo
Quis mudar seu destino
Dentro de um casulo

Retirou-se do mundo
Concentrou na esperança
Um dilema profundo
É hora da mudança

Foi surgindo rompante
Colorindo o painel
Animal estonteante
A voar pelo céu

Um evento com dose
De surreal que consagre
Muitos chamam metamorfose
Eu o chamo milagre

Alvim

Acolher
Lecionar
Viver
Inovar
Motivar

    Amizade
FuteboL
    Verdade
  Pai
    Maturidade

    Irm A ndade
    Cu L tura
     Ci V ilidade
  Desprend i mento
  Ensina M ento

  Ainda
JuveniL
  Vi
  Partir
   AssiM

    Mas permanece A memória
      Deixou seu Legado na história
Mestre de uma geração de Vitória
        Dói no peito a saudade
     Do meu irMão de verdade

Al pueblo chileno

Santiago que me gusta
El Estadio Nacional
La Gruta de Lourdes
La Quinta Normal
El palacio La Moneda
La paz de la catedral
Me encanta los cerros
El Mercado Central
El arte de los museos
Las Condes especial
La Plaza de Armas
Toda ciudad una igual

Conocí a Valparaíso
Puerto de múltiples colores
Una gaviota de viña
Sobre el reloj de flores
Al mirarle de Playancha
Donde posan los amores

Subiendo al monasterio
En el silencio de la missión
En vivo con Calenda Maia
Al sonido de la oración
Para callar el mundo
Y escuchar el corazón

Bajando a Las Cruces
En Talcahuano con Huáscar
Comiendo una marcha
El sol poniendose en el mar
Cahuil traeme el descanso
Y Rengo ayuda a soñar

Las casas del viejo Neruda
Por las odas y donde queda
Melipilla y Pomaire
En la tierra de la greda
És Cuasimodo por la calle
Soy huaso en la vereda

En el otoño
Las hojas se marchitan
En la primavera
Los campos se pintan

En el verano
Estoy acostumbrado
Le invito a tomar um té
Con el delicioso pan amasado

En el invierno
Donde quiero verlo
Los caracoles de Portillo
Caminando sobre el hielo

Rapa nui - los mapuches
Una isla en el camino
Compartindo una chicha
El Pisco-Sour o el vino
Fiestas Pátrias
És mi destino

A la gente tan querida
Un regalo sensillo, muy poco
Gracias por la acogida
Gracias por el pastel de choclo
Gracias por la empanada
Gracias ¡cachay pues loco!

A CASA DO JOÃO

Não tem porta
Não tem janela
Não tem lâmpada
Nem acende vela
Não tem comida
Não tem fogão
Não tem banheiro
É só a casa do João

Não tem telhado
Não tem goteira
Não tem piso
Nem tem madeira
Não tem tomada
Não tem porão
Não tem torneira
É só a casa do João

Não tem sala
Não tem chaminé
Não tem garagem
Nem faz café
Não tem jardim
Não tem portão
Não tem muro
É só a casa do João

Não é pobre
Nem é rico
Constrói sua casa
Na força do bico
Não tem projeto
Não tem fundação
É só a casa de barro
Do pássaro João

Clarinha

Clarinha ficou com medo
Quando viu seu segredo
Espalhar pela banca
Procurou acolhida
Escondeu com a amiga
Em sua casinha branca

Ficou bem quietinha
O perigo que vinha
Destrói, atropela
Abraçou, pois com véu
Sua amiga fiel
Que estava até amarela

Clarinha ficou apavorada
Vendo pontas afiadas
Isto foi o estopim
Quebraram o teto
Arrombaram sonho, projeto
Adeus, era o fim

Assassinaram Clarinha
Também sua amiguinha
Amassaram como chiclete
Imagina a enciclopédia
Toda essa tragédia
Pra comer um omelete

CORTA-CORTA

Vou te contar minha rotina
Subir em árvores a pino
Escalar era a sina
Carregar o destino
Vida que intriga
Corta-corta e segue a cantiga

Folha bem verde procuro
Lá no alto na dependura
Cria asa e sai do escuro
Quer voar a tanajura
Vida que castiga
Corta-corta e segue a cantiga

Lá na terra, casa ajeitada
Fungos bem alimentados
Invadiu um tatu na calada
Bicho muito esfomeado
Vida de briga
Corta-corta e segue a cantiga

Não pisa no meu carreiro
Vamos guiadas em fileira
Tem veneno, sinto o cheiro
Não carrega essa besteira
Vida de amiga
Corta-corta e segue a cantiga

Buscando mais uma folha
Na ponta do galho
Patas chega a dar bolha
Fazendo meu trabalho
Vida de formiga
Corta-corta e segue a cantiga

Dona Maria

Mariazinha
Sonhava sozinha
Sair pelo mundo
Em um segundo
Já era mocinha

Moça Maria
Sonhava um dia
Poder se casar
Não foi para o altar
Ficou pra titia

Titia Maria
Sonhava um dia
Poder viajar
Correr, apitar
De tanta alegria

Maria graça
Fogo onde passa
Não foge da trilha
A Dona Maria
De sobrenome Fumaça

O discurso do Papa

Não falou das mazelas
Não expôs realidade
Não disse coisas belas
Nem esboçou santidade
Não teve capa
O discurso do Papa

Não falou de quem morre à míngua
Não teve nome a encíclica
Não traduziu outra língua
Nem usou frase bíblica
Não teve mapa
O discurso do Papa

Não discorreu eloquência
Não sentou na cadeira
Não pediu por urgência
Nem abençoou a videira
Não teve etapa
O discurso do Papa

Não falou de juventude
Não teve bagagem
Não falou de atitude
Foi só pelegagem
Não teve ensaio
Só o discurso do Papa Gaio

Pequena Joana

Dayana,
Você viu a Joana?
Vi lá floresta
Fazendo festa
Com um povo bacana

Fernando,
Você viu a Joana?
Vi lá no jardim
Sobre o jasmim
Com um povo dançando

Beatriz,
Você viu a Joana?
Vi lá na varanda
Cantando ciranda
Com um povo feliz

Salvador,
Você viu a Joana?
Vi lá na tendinha
Vestindo bolinha
Com seu povo sonhador

Belinha,
Você viu a Joana?
Vi lá no céu
Voando em cordel
Com outras joaninhas

O QUE FAZES?

Esta ouvi em algum lugar
Só me lembro de partes
Mas em nome da arte
Resolvi recontar:

    – O que fazes, ó passarinho,
      nesta biboca,
      posso saber?
    – Como minhoca,
      ó menina,
      coisa que nunca irás fazer.

    – O que fazes, ó passarinho,
      sempre em bando,
      posso saber?
    – Voo cantando,
      ó menina,
      coisa que nunca irás fazer.

    – O que fazes, ó passarinho,
      neste cantinho,
      posso saber?
    – Construo um ninho,
      ó menina,
      coisa que nunca irás fazer.

- O que fazes, ó passarinho,
  nestes gravetinhos,
  posso saber?
- Choco ovinhos,
  ó menina,
  coisa que nunca irás fazer.

- O que fazes, ó menina,
  nesta escola,
  posso saber?
- Arquiteto gaiola,
  ó passarinho,
  coisa que nunca irás entender.

Preconceito com o Jão

Vou pedir atenção agora
Pra te contar uma história
Do coitado do Jão
Jão famoso por ser preto
Sempre sofreu preconceito
Não teve admiração

Se quiser que lhe conte
Apelido tem dos monte
Jão Carioca e Jão Guandu
Jão Sangue, Jão Mulatinho
Jão Pestana, Jão Fradinho
Jão Tropeiro e Jão Tutu

Jão se faz sempre presente
Mesmo com quem é carente
Combina com todo mundo
Mas se ele vai pra cozinha
Aí, então advinha
Um desprezo profundo

Não lhe oferecem caviar
Nem picanha pra assar
Pra ele caldo e cotoco
Só lhe dão beiço e pé
Pelanca, osso até
O que joga fora do porco

Enfim, eu fico irritado
Protegendo esse coitado
É minha indignação
Vou dizer com clareza
Porque não relativiza a beleza
E para de chamar de Fei jão

Vou com o Zé

Roberto, vamos ver o Vasco?
Pois é...
Tenho um churrasco
Lá em Osasco
Vou com o Zé

Arthur, vamos ver o Mengo?
Pois é...
Tenho um dengo
Lá em Realengo
Vou com o Zé

Neto, vamos ver o Timão?
Pois é…
Tenho um bailão
Lá no Minhocão
Vou com o Zé

Reinaldo, vamos ver o Galo?
Pois é…
Tenho um intervalo
Lá em São Gonçalo
Vou com o Zé

Ademir, vamos ver o Palmeiras?
Pois é…
Tenho fogueiras
Lá em Caieiras
Vou com o Zé

Tá "bão", se é assim
Desdenha de mim
Prefere voar "sozim"
Com seu Zepelim

NOVELAS

Meninos eu vi:
Vi Cassiano e Dalila
Gaspar Kundera e a Naná
Lucas e Jade
Juventino e Juma Marruá
Matteo e Giuliana
Otávio e Diná
Vi Nando e Milena
Perí e Cecí
Ana Raio e Zé Trovão
Babalu e Raí
Vi Fábio e Jô
Sinhozinho Malta e Porcina
Raj e Maya
Petruchio e Catarina

Meninos eu vi:
Bafo de Bode anunciando
Odorico discursando
Tieta se vingando
Jorge Tadeu regando
Chico Treva enterrando
Corcoran alegrando
Perpétua esbravejando
Tião Galinha enricando

Sassá Mutema salvando
Rei do Gado girando
Ravengar idealizando
Caderudo assombrando
Mulher de Branco atacando
Vlad sugando
Odette Roitman polemizando
Nazaré surtando
Crô glamourando
Carminha enganando
Félix tramando
Jamanta cativando
Zebedeu cismando
Cabeleira agonizando
Dona Armênia comandando
Flora armando
Porfiro ousando
Reginaldo transformando
Maria escandalizando
Ufa!
Tonho da Lua esculturando

Meninos eu vi:
Vi que nesta meleca de vida
Né brinquedo não

Cada mergulho é um flash
Ou vou por tudo na chón
Tudo parece: mistério!
E te respondo: inshallah
Stop, Salgadinho
Eu quero mesmo é me enricar
Diacho! Eita lasqueira
Divina Magda, que tal?
Sou chique bem
E isto é felomenal
Ó xente my God
Ouviste o ditado
Pra trazmente e pra frentemente
Tô certo ou tô errado?

Meninos eu vi:
Minha mãe não perdia um capítulo
Com os personagens criava vínculo
Neste horário a tv era dela
Tive dificuldades, confesso
Pra escrever esses versos
Sobre o que eu vi na tela
Apenas a memória que coça
Um menino da roça
Falando sobre novela

Pérolas da Dorinha

Dorinha falava de "joça"
Trabalhou desde cedo na roça
Com luta e calo na mão
À deriva ou nos trilhos
Criou oito filhos
Com seu amor, o João

Tinha uma linguagem própria
Não fazia cópia
Se não sabia inventava
Juntar é "anechar"
"Pegar o bajo" é almoçar
Abelha é "mandaçava"

"Perrengue" é estar doente
"Condefé" é de repente
"Arrumar pustoço" é qualquer jeito
"Monéis" é pessoa folgada
"Mistiu" é planta misturada
Gripe é "difruço de peito"

"Piquiçoba", uma roxa verdura
Refogada na gordura
Associava sabores
"Piquivara" não era brinquedo
Nem gerava algum medo
Mas o maior dos roedores

"Meimuda" é calça curta
"Esconjuro e credo" é quando surta
"Igual uma pia" é exagerado
"Que nem misera" é intenso
"Vigi afrigi" é admiração do imenso
"Cagar na retranca" é fazer errado

Escrever ela nem sabia
Falava como entendia
Escola ela não frequentou
Imaginava um relicário
Mas foi um dicionário
Que Dorinha inventou

Recanto João e Maria

Força e respeito
Honestidade e amor
É dito e feito
Simplicidade e suor

Aliás, trabalho
É o nome do meio
Do início e do fim
E assim
Homenageio
Nossos grisalhos

Encantaria
Doce casarão
Aquarela
Dele e dela
Pai João
E Mãe Maria

Seu Luiz

Seu Luiz vivia isolado
Ninguém ficava do lado
Carinho lhe era negado
Nunca foi acariciado

Seu Luiz da esposa separou
Porque o filho espinhou
Os amigos arranhou
Até o cão machucou

Seu Luiz pede respeito
Porque dói no peito
Viver desse jeito
Com tanto preconceito

Seu Luiz segue solteiro
Quem puder dar primeiro
Um abraço verdadeiro
No Luiz, o cacheiro

Conversa de Criança

Quem nunca parou para escutar
O que dizem os pequeninos
Sincera inocência ao brincar
Deles é o Reino Divino...

O PRÊMIO

— Aninha, queda de braço;
O que me diz?
— João Pedro, eu faço!
Se o Alberto for o juiz.
— O que ganho?
Apanho?
— Claro que não!
Um milhão!
— Força de rei!
— Ah! Não!
— Ganheeei!
— Sei não?
— Ganhei aqui;
Me dá aí...
— Então, tá então;
Tá aí:
Um milho grandão...

Fãs do Palito

— Pode dizer?
— Fala comigo!
— Tudo bem contigo e com você
— Ou só contigo?
— Só contigo!
— Aninha!
— Fala pra mim!
— O Palito fala assim:
Como é que tá o coração?
— Tá que nem guarda-roupa velho
 De mudança, na prancha;
Se mexer desmancha.
— Ai, ai...
— Tem sofrido!
— Mas tem vivido!
— João Pedro!
— Fala pra mim!
— O Palito fala assim:
Como é que tá o coração?
— Tá que nem leitão
 Que na mamadeira da vovó
 Mama contudo;

Tá bonito, tá graúdo!
- Ai, ai...
- Tem sofrido!
- Mas tem vivido!
- Alberto!
- Fala pra mim!
- O Palito fala assim:

As quatro coisas que eu tenho medo;
- Boi que pula rodando,
- Mulher que guarda segredo,
- Cachorro amarelo da boca preta,
- E celular de correr o dedo.

Os viajantes

— João Pedro, tinha um homem,
Um burro e um menino
    — Aninha, o que aconteceu?
    — Eles estavam sem destino...
    — E daí, o burro correu?
    — Calma! Não.
Quem conta sou eu.
    — Fala então!
    — O homem puxava o burro,
Com o menino montado.
    — E o homem andava?
Coitado!
    — Aí, o menino puxava o burro,
Com o homem montado.
    — E o menino andava?
Coitado!
    — Aí, o burro andava sozinho,
Com o homem e o menino montados.
    — O burro aguentava os dois?

Coitado!
- Aí, o homem e o menino puxavam o burro,
E ninguém montado.
- O burro atoa?
Que folgado!
- Aí, o burro montou no homem,
Que pelo menino era puxado.
- Hum... conta outra história?
Essa não tá do meu agrado.

A onça do Boldrin

- Aninha, já te contei da onça?
- Que onça?
- A que correu atrás de mim
- Não. Como assim?
- Eu estava correndo e a onça atrás...
- Capaz!
- No pé de uma montanha
  Escalei e pronto.
- Pronto?
  Onça escala demais,
  Seu tonto.
- Escala mesmo.
  Oh oncinha pra escalar!
- Vai te pegar.
- Eu estava correndo e a onça atrás...
- Capaz!
- No alto da pedra
  Eu pulei e pronto.
- Pronto?
  Onça pula demais,
  Seu tonto.
- Pula mesmo.
  Oh oncinha pra pular!
- Vai te pegar.
- Eu estava correndo e a onça atrás...

– Capaz!
– Na beira do rio
　Nadei e pronto.
– Pronto?
　Onça nada demais,
　Seu tonto.
– Nada mesmo.
　Oh oncinha pra nadar!
– Vai te pegar.
– Eu estava correndo e a onça atrás...
– Capaz!
– Quer saber?
　Vou dizer:
　A onça me comeu.
　Eu estou na barriga dela...
– Mentira. Sabia, eu.
　A onça tá magrela!